4° Z.
LE SENNE
1301

SALLE

MOLIÈRE

AU PORT

avec le plan du Jeu de paume
et celui de l'Hôtel
des autres propriétés
du nouveau

PHILÉAS CO

de la Société de l'H
et de l'Association

P
JULES BONNASSIES
32, RUE

M DCC

LA

SALLE DE THÉATRE

DE

MOLIÈRE

AU PORT SAINT-PAUL

PARIS. — TYPOGRAPHIE DE CH. MEYRUEIS
13, rue Cujas. — 1876

LA
SALLE DE THÉATRE
DE
MOLIÈRE
AU PORT SAINT-PAUL

avec le plan du Jeu de paume de la Croix-Noire
et celui de l'hôtel Barbeau
et des autres propriétés détruites pour l'établissement
du nouveau marché de l'Ave-Maria

PAR

Philéas COLLARDEAU
Membre de la Société de l'Histoire de Paris et de l'Ile-de-France,
et de l'Association Polytechnique

PARIS
JULES BONNASSIES, LIBRAIRE-ÉDITEUR
32, RUE SERPENTE, 32

M DCCC LXXVI

L E Marais, ce vaste coin de Paris, si riche en souvenirs historiques, a été jusqu'à ce jour respecté par la pioche des démolisseurs; c'est même à peu près le seul de nos quartiers qui n'ait pas été atteint par les percements de toutes ces rues et de tous ces boulevards qui, sous le régime précédent, ont si profondément bouleversé le vieux Paris de nos pères.

Loin de se réjouir, du reste, d'être ainsi favorisés, les habitants des IIIe et IVe arrondissements se sont plaints d'être laissés de côté par l'administration municipale. L'attachement mêlé d'un certain orgueil qu'ils affichaient pour leurs antiques maisons à tourelles devenues si rares à Paris, pour leurs anciens hôtels princiers occupés aujourd'hui par des ateliers et des magasins, pour leurs rues étroites et tortueuses où l'on retrouve encore, bien qu'avec peine, l'aspect pittoresque du Paris d'il y a cent ans, était-il donc purement platonique? Ou bien, emportés par le courant du siècle, ont-ils sacrifié leur goût pour le passé aux nécessités pratiques qui donnent au présent la vie et le mouvement avec une jeunesse trop souvent factice? Toujours est-il qu'ils ont fréquemment réclamé pour qu'on leur fît leur part d'air et de soleil comme on l'avait faite aux autres arrondissements.

Il faut dire aussi que les percements des voies nouvelles et les démolitions des anciennes maisons ont souvent amené d'intéressantes découvertes historiques et archéologiques ; quelquefois ils ont mis en lumière des monuments qui seraient encore longtemps restés peu connus derrière les sombres bâtisses qui les masquaient, si le passage inopiné d'un nouveau tracé ne les avait signalés au Parisien indifférent. N'est-il pas à craindre cependant qu'on soit allé trop loin dans ces dégagements de monuments? Certains d'entre eux n'auraient-ils pas gagné à conserver quelque point d'appui qui les eût laissés moins seuls, moins dépaysés, pour ainsi dire, au milieu du nouveau Paris ? Il semble que ces pauvres monuments doivent être tout étonnés de se trouver subitement en façade sur les artères les plus fréquentées, en contact immédiat avec cette population bruyante et affairée, si différente de celles qui les avaient édifiés, et l'observateur lui-même a quelque peine à reporter sa pensée au temps de Nicolas Flamel ou de Julien l'Apostat, au milieu de cette activité incessante du dix-neuvième siècle.

N'a-t-on pas été et ne veut-on pas encore aller trop vite dans ces embellissements de la capitale des arts et du goût, sans songer qu'aucune époque d'architecture n'a jamais dit son dernier mot, que ce qui paraît superbe aujourd'hui sera peut-être abandonné avant un demi-siècle et qu'en faisant trop à la fois on court le risque de n'engendrer que l'uniformité !

Sans vouloir apprécier ici ce qui a été fait, il nous sera bien permis de nous féliciter de ce qu'un coin de Paris ait été pendant longtemps épargné, comme si l'on avait voulu laisser à une autre époque, à d'autres hommes, le soin de faire mieux en profitant de l'expérience acquise. Mais voici que l'heure de la démolition est également arrivée pour ce quartier : le boulevard Henri IV va s'ouvrir à travers l'ancien hôtel Saint-Paul, sur l'emplacement duquel a été bâti en partie l'Arsenal, et un marché sera prochainement construit entre le quai des Célestins et les terrains occupés naguère par une caserne et plus anciennement par le couvent de l'Ave-Maria, non loin du pont Marie. La construction de ce marché nécessite la disparition de tout un pâté d'anciennes maisons, parmi lesquelles il en est une qui porte, écrits sur ses deux pignons moyen âge, ces mots : Hôtel de l'Etoile. C'est sur ce point si restreint que nous allons nous arrêter, attirés par la grande et populaire figure de MOLIÈRE.

LA
SALLE DE THÉATRE
DE
MOLIÈRE
AU PORT SAINT-PAUL

I

LE grand nombre de laborieuses et intéressantes recherches qui ont été publiées depuis quelques années sur les différents épisodes de la vie de Molière, ont ramené l'attention vers notre grand poëte comique. Tout ce qui touche à ses œuvres ou à sa personne a le don de passionner aujourd'hui l'opinion publique, et ce qui a trait aux premières années de sa vie, à sa jeunesse, à ses débuts, semble tout particulièrement fait pour nous intéresser.

On veut savoir au milieu de quels événements ce poëte incomparable s'est formé, quels murs ont entendu les premiers bégayements de son génie. Les moindres détails ont alors de l'importance et aucune trouvaille ne doit être laissée de côté. Nous avons donc cru utile de publier ces quelques notes sur l'une des premières salles de théâtre où Molière a joué.

Ce sont les travaux auxquels l'administration de la ville de Paris fait procéder en ce moment pour l'édification du marché de l'Ave-Maria qui ont mis ou vont mettre au jour le pied des murs de cette salle de théâtre. Mais, avant d'aller plus loin, il nous faut d'abord ouvrir le livre de M. Eudore Soulié, sur Molière et sa famille (1), afin de nous rappeler dans quelles circonstances le fondateur de notre scène comique se servit de cette salle de spectacle.

Quand, à peine âgé de vingt et un ans, J.-B. Poquelin, emporté par sa passion pour le théâtre, et peut-être aussi pour Madeleine Béjart, quitta son père pour se joindre à la famille Béjart et à quelques jeunes gens, l'un poëte, auteur de tragédies oubliées, l'autre parent d'une comédienne, celui-ci maître écrivain, celui-là clerc de procureur, beaufils d'un maître fourbisseur, formant la troupe de l'*Illustre-Théâtre* dont il devait devenir bientôt le chef, ce fut dans le jeu de paume des Métayers, au faubourg Saint-Germain, que, selon toute probabilité, il parut pour la première fois en public, à la fin de l'année 1643 ou dans les premiers jours de 1644. Ce jeu de paume, appelé du nom de ses propriétaires, maîtres paumiers, était situé dans les fossés de l'enceinte de Philippe-Auguste, près de la porte de Nesle, entre cette porte et la porte de Buci. Berty en a fixé exactement l'emplacement dans une note qui a été vue par un de nos amis, et qui devait être publiée dans la *Topographie de Paris*. Ce jeu de paume se trouvait à l'angle de la rue de Seine et de la rue des Fossés-de-Nesle, plus tard Mazarine.

Dès le 20 décembre 1644 la troupe de l'Illustre-Théâtre, après avoir, par des emprunts, réglé quelques dettes... ses

(1) *Recherches sur Molière et sur sa famille*, par Eud. Soulié. 1 vol. in-8°. Paris, Hachette, 1863.

M. Eudore Soulié est mort conservateur du Musée de Versailles dans les derniers jours du mois de mai 1876. Son livre, appuyé sur une série de documents incontestables, a jeté un grand jour sur la vie de Molière.

premières dettes! quitte le jeu de paume des Métayers, dont on démonte les bois et les loges pour les transporter et les remonter dans un autre jeu de paume où, dix-huit jours après, les jeunes comédiens allaient de nouveau tenter la fortune. L'emplacement qu'ils abandonnaient était peu avantageusement situé dans un quartier où la population n'était guère agglomérée. En outre les abords du théâtre étaient difficiles, car nous voyons que pour en ménager l'accès, les associés avaient dû payer une somme importante à un paveur. Le jeu de paume de la Croix-Noire, où ils venaient s'établir, se trouvait situé au contraire à proximité des riches habitations du Marais et de la place Royale, et par conséquent dans des conditions apparemment plus favorables.

Il était la propriété d'une dame Denise Philippe, épouse d'un sieur Philippe de Parade, contrôleur des gages de messieurs du Parlement et domicilié rue des Barrés. Cette dame l'avait louée à un maître paumier avec lequel a dû traiter J.-B. Poquelin.

Les auteurs qui ont écrit sur Molière disent seulement que ce jeu de paume était situé dans le quartier Saint-Paul; d'autres plus explicites ajoutent qu'il était placé au port Saint-Paul. Ce n'est que dans les documents publiés par M. Eudore Soulié qu'il est fait une mention détaillée « *d'un* « *jeu de paume, sis rue des Barrés ayant issue sur le quai* « *des Ormes* » (Document XVI), et, ailleurs, du « *jeu de* « *paume de la Croix-Noire sis rue de la Barée, proche de* « *l'Ave Maria.* » (Document XXII). Nous y trouvons encore (page 184), dans une note, une citation d'après l'avocat Pierre Bouquet mentionnant « un *jeu de paume de la Croix-* « *Noire près la potterie de la Beguignere* (1). » (Poterne des Béguines).

---

(1) Cette mention se trouve dans un compte daté de 1608, cité par

Ce jeu de paume était fort ancien ; Sauval (1) en fait mention dans un compte de 1573. Il avait été également élevé contre l'enceinte de Philippe-Auguste, près de la tour Barbeau (Barbeel devers Lyaue ou Barbelle sur l'Yaue), qui en était un des points importants ; il était contigu à l'hôtel que les religieux de l'abbaye de Barbeau possédaient à Paris, dans le voisinage de l'hôtel des archevêques de Sens et du couvent qui fut d'abord occupé par les Béguines, puis par les religieuses cordelières dites filles de l'Ave-Maria.

Grâce aux indications bienveillantes de M. Jules Bonnassies, dont la compétence en matière de théâtre est bien connue, j'ai retrouvé dans de vieux titres de propriété un plan et la description de l'immeuble du jeu de paume de la Croix-Noire, et j'ai pu en rétablir l'emplacement avec une certitude absolue.

M. A. Bonnardot. (*Etudes archéologiques sur les anciens plans de Paris des seizième, dix-septième et dix-huitième siècles*. Paris, Deflorenne, 1851, p. 78.)

(1) M. Eudore Soulié a laissé de côté une citation de Sauval rapportée dans le même ouvrage : « 1573. — ... M⁰ Guillaume le Gentilhomme, advocat en parlement pour une portion des anciens murs commençant à la rue Saint-Antoine, vis-à-vis Sainte-Catherine, confinant avec une tour, et finissant où souloit avoir une poterne vulgairement appellée la porte Saint-Paul et l'autre portion desdits murs où d'ancienneté et à présent y a colombier, en tirant à une terasse ou tour, et d'icelle jusqu'à une autre tour ou poterne appellée la poterne des veignes, étant près l'hostel de l'Abbayie de Barbeau, de laquelle on descend par degrés joignant l'hostel de l'Ave-Maria près une tour et contigu la tour des veignes *au jeu de paume où pend pour enseigne la croix noire*, jusqu'à une tour du coin en laquelle a accoutumé être la chaine traversant la rivière de Seine, etc., laquelle portion de muraille contient environ cent seize toises de long... La tour étant esdits anciens murs de l'hostel de Barbeau à l'endroit du chantier du roi et occupée par le Maître des œuvres du Roi, tenant ledit chantier. » — Cette dernière tour était la tour Barbeau. (Sauval, tome III, p. 628 et 629.)

C'est au jeu de paume de la Croix-Noire que fut représenté, en 1645, *Artaxerce*, tragédie de Magnon et la seule pièce, jouée par la troupe de l'Illustre-Théâtre, dont le titre et l'analyse soient arrivés jusqu'à nous (1). Ce fut aussi pendant son séjour au port Saint-Paul que la troupe de l'Illustre-Théâtre, laquelle était entretenue par Gaston d'Orléans et portait également le titre de *Troupe de Son Altesse Royale*, figura très probablement dans une fête donnée par ce prince en l'hôtel du Luxembourg, le 7 février 1645.

Molière, à cette époque, logeait à proximité de son théâtre, au coin de la rue des Jardins-Saint-Paul « en la maison où demeuroit un mercier. » A quelle encoignure habitait ce mercier? Sans doute à l'une des encoignures de la rue des Barrés. Les deux maisons d'angle qui existent aujourd'hui à cet endroit paraissent fort anciennes, et bien probablement celle qu'habita le directeur de la troupe de Son Altesse royale le duc d'Orléans est encore aujourd'hui à peu près telle qu'elle était alors. (Voyez le plan d'ensemble.)

M. Eudore Soulié fait aussi mention d'un des faits les plus curieux et les plus ignorés de la vie de Molière et qui se rapporte à cette époque, nous voulons parler de son emprisonnement pour dettes au Grand-Châtelet. Ç'a été peut-être une consolation pour bien des jeunes auteurs d'apprendre que Molière lui-même ne fut pas exempt des difficultés d'argent qui rendent parfois si pénibles les premiers pas dans la carrière littéraire. L'acte du 13 août 1645, par lequel J.-B. Poquelin et ses associés s'obligent envers Léonard Aubry à l'indemniser du cautionnement par lui fait pour eux afin de tirer de prison ledit Poquelin, a été dressé au jeu de paume de la Croix-Noire.

---

(1) Voyez dans l'*Histoire du Théâtre François* des frères Parfaict, t. VI, p. 371; *Analyse* d'Artaxerce *et Vie de Magnon*.

Nous avons lieu de croire que le quartier du port Saint-Paul, malgré les avantages de sa situation, ne fut pas beaucoup plus favorable à la jeune troupe que le quartier de la porte de Nesle. Peut-être l'installation matérielle du théâtre était-elle aussi trop défectueuse. Les issues du jeu de paume étaient fort étroites et l'aménagement intérieur laissait beaucoup à désirer, bien que cet aménagement fût semblable à celui de la salle du Marais (1), et bien que, à cette époque, on fût peu exigeant en matière de confortable. Il y avait sans doute aussi d'autres causes d'insuccès, et la mémoire de Molière ne perdra rien si nous laissons supposer que le jeu des comédiens et la composition des pièces n'étaient pas alors ce qu'ils devaient être plus tard. Ce qui nous permet d'avancer cette hypothèse, c'est cette considération que, de toutes les pièces de sa jeunesse, Molière n'en a pas conservé une seule sans la remanier et la transformer complétement.

Quoi qu'il en soit, la troupe de l'Illustre-Théâtre quitta le port Saint-Paul peu de temps après avoir vu son chef sortir du Grand-Châtelet, et revint s'établir au faubourg Saint-Germain, dans le jeu de paume de la Croix-Blanche, rue de Buci. Cet autre jeu de paume, d'après M. Jules Bonnassies, qui tient lui-même ce renseignement de Berty, était situé sur l'emplacement occupé depuis par le café connu longtemps sous le nom de café de France, dont la façade est en retrait sur la rue de Buci, près de la rue Grégoire-de-Tours.

Mais, si l'on connaît aujourd'hui l'emplacement des trois jeux de paume occupés successivement par l'Illustre-Théâtre, on est moins fixé sur la date qu'il faut assigner à ces trois étapes de la jeune troupe. Si notre grand comique partit pour la

(1) Le théâtre du Marais avait été établi dans un jeu de paume, rue Vieille-du-Temple. (Voyez plus loin, p. 9, la note sur les jeux de paume.)

province dès la fin de l'année 1646, ces trois étapes auraient été chacune d'une durée à peu près égale, et ce serait alors en 1644 qu'il aurait joué à la porte de Nesle, en 1645 au port Saint-Paul et en 1646 à la rue de Buci. De 1646 à 1654, il y a, dans la vie de Molière, une lacune que personne encore n'a réussi à combler tout à fait. On signale simplement, à plusieurs reprises, sa présence dans quelques villes de province, de 1654 à 1658, et l'on sait qu'il était de retour à Paris, pour ne plus le quitter, le 3 novembre 1658.

A propos du premier jeu de paume qui abrita un instant la fortune de l'Illustre-Théâtre, M. Eudore Soulié fait un rapprochement singulier : En 1673, après la mort de Molière, sa veuve et ses camarades louent « une salle construite dans le jeu de paume situé dans la rue de Seine, au faubourg Saint-Germain, ayant issue dans ladite rue et dans celle des Fossés-de-Nesle (rue Mazarine), vis-à-vis la rue Guénégaud, » c'est-à-dire, non loin du lieu où, trente ans auparavant, l'Illustre-Théâtre avait débuté. Enfin, pour en finir avec les jeux de paume (1), j'ajouterai, toujours d'après le même auteur, que les Comédiens du Roi quittèrent, en 1687, ce dernier théâtre, connu sous le nom d'hôtel Guénégaud, et firent construire une nouvelle salle sur l'emplacement d'un autre jeu de paume dit de l'Etoile et situé rue des Fossés-Saint-Germain des Prés (2).

---

(1) Voyez ce que dit, sur les jeux de paume, Dulaure, dans son *Histoire physique, civile et morale de Paris.* (Edition de 1822, t. III, p. 176 et suivantes, et tome IV, p. 553 et suivantes.) Selon lui, le jeu de paume de la rue Mazarine, qui servit en 1673 d'asile à la troupe de Molière, existait encore à l'époque où il écrivait.

M. Bonnardot a fait remarquer que les jeux de paume étaient généralement construits dans les fossés des anciennes enceintes.

(2) Cette rue prit plus tard, comme chacun le sait, en souvenir de cette salle, le nom de rue de l'Ancienne-Comédie. Voir, à ce sujet, la *Notice historique sur les anciens bâtiments de la Comédie française*, par M. Jules Bonnassies. (1868.)

II

JE reviens maintenant à la salle de théâtre construite par Molière au port Saint-Paul, dans le jeu de paume de la Croix-Noire, et je vais essayer d'en donner au lecteur une description aussi complète que possible.

Cette salle, d'une assez grande étendue, avait la forme d'un carré long, dans la direction du nord au sud, entre la rue des Barrés-Saint-Paul et le quai, qui s'appelait alors quai des Ormes, et qui, depuis, prit successivement différents noms. Elle était séparée de la rue des Barrés, par une maison occupée au rez-de-chaussée par deux petites boutiques, avec deux petites cours entre elle et le jeu de paume. (Voyez, sur le plan du jeu de paume, la maison indiquée sous la dénomination : maison à M. Pitoin, et, sur le plan d'ensemble, la maison portant aujourd'hui le n° 15, rue de l'Ave-Maria.) Cette maison (1) appartenait, du temps de Molière, à la famille Philippe de Billy. Contre cette maison, une allée, large seulement de 1 mètre 20 centimètres dans œuvre et longue de environ 10 mètres, servait d'entrée au jeu de paume, lequel,

(1) En 1712, cette maison, outre les deux boutiques, comprenait deux étages avec grenier au-dessus, escalier dans œuvre, deux chambres et cabinets à chaque étage, les chambres régnant sur le passage du jeu de paume, et une cave par-dessous, plus, un puits mitoyen avec le jeu de paume.

PLAN DU JEU DE PAUME DE LA CROIX-NOIRE. 1728.

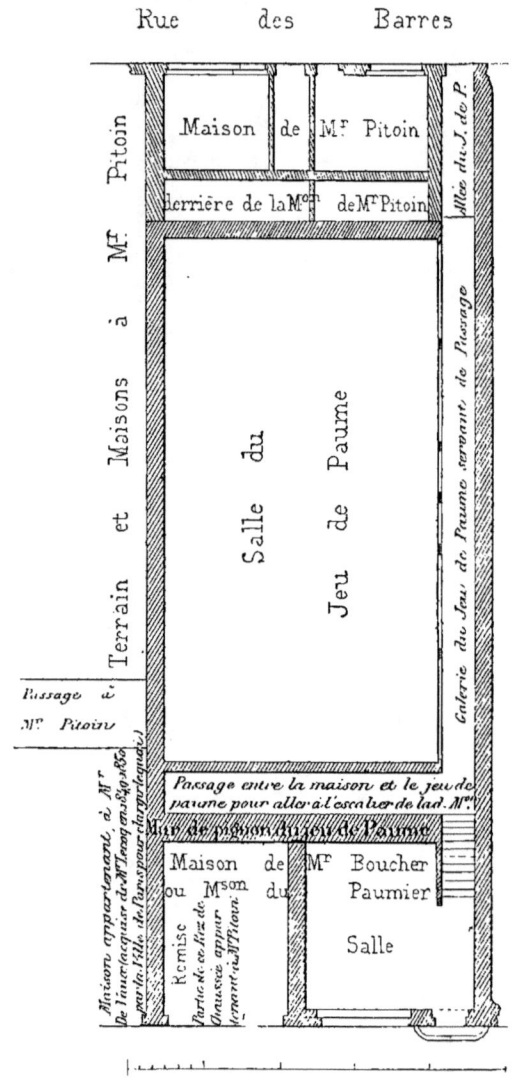

ainsi que nous l'avons vu plus haut, avait également une issue sur le quai. L'ensemble de la propriété comprenait le jeu de paume proprement dit et la maison du maître paumier (1); cette dernière était en façade sur le quai et comprenait, en 1727, une cave, un rez-de-chaussée, trois étages et un grenier. (Voyez, sur le plan du jeu de paume, la maison indiquée comme appartenant à M. Boucher.) Au rez-de-chaussée, du côté du levant, se trouvait une salle ; à côté de cette salle, une remise de voiture appartenant, en 1727, comme la maison de la rue des Barrés et tout le terrain situé au couchant du jeu de paume, à M. Pitoin (et avant lui à la famille Philippe de Billy), qui avait droit au passage pour communiquer avec la remise. A la façade sur le quai se balançait l'enseigne : A LA CROIX-NOIRE, qui avait donné son nom à l'établissement.

Nous avons vu que le jeu de paume de la Croix-Noire et la maison y attenant appartenaient, du temps de Molière, à une dame Denise Philippe, épouse de M. Philippe, ou Philipps de Parade. Cette propriété lui était échue en 1635, dans le partage des biens de M. Vincent Philippe, sieur de Farcy et de Jeanne Targes, ses père et mère. Je dois à l'obligeance de Me Robineau et de Me Cocteau, notaires à Paris, la communication des actes qui établissent cette origine de propriété. Dans l'inventaire dressé, cette même année 1635, après le

---

(1) « Il y a dans Paris une communauté de maîtres paumiers raquettiers, faiseurs d'esteufs, pelottes et balles; leurs statuts sont de l'année 1610, etc. » (*Encyclopédie* de Diderot et d'Alembert.).

Au dix-huitième siècle, les maîtres paumiers tenaient des billards. Je dois ici relever un léger oubli fait dans la reproduction du plan du jeu de paume. Dans la maison du paumier (à M. Boucher), la salle à droite est indiquée dans l'original par ces mots : salle de billard, et la place du billard est indiquée par un pointillé.

décès des sieurs et dame Philippe de Farcy, on trouve énoncé, sous la cote 19e, un titre plus ancien de propriété de la « *maison et jeu de paume de la Croix-Noire,* » et, sous la cote 42e, un bail *passé devant Tolleron* (1), *notaire au Châtelet et daté du 5 octobre 1626, fait par ledit défunt au nommé François Cornil, Maître paumier, d'une maison de jeu de paume moyennant le prix de loyer et aux charges et conditions y relatées.*

En 1652, Madame de Parade fit don de la totalité de la maison et du jeu de paume à damoiselle Marguerite de Parade, sa belle-fille. Le 1er février 1686, les héritiers de Marguerite de Parade, décédée épouse de Jacques de Lhopital, contrôleur des gages de Messieurs du Parlement, procèdent au partage de ses biens, et la maison avec le jeu de paume échoit pour moitié à damoiselle Catherine de Lhopital et au sieur Jean de Lhopital. Ce dernier meurt en 1705, et l'héritage revient intégralement à sa cohéritière.

Enfin, le 26 avril 1727, Mademoiselle de Lhopital vend à M. Jean Baptiste Boucher, marchand joaillier, bourgeois de Paris, et à damoiselle Marie Elizabeth Boucher son épouse, la totalité *d'une maison et jeu de paume se tenant ensemble, scis en cette ville de Paris, quai des Ormes, près le port Saint-Paul, et ayant deux issues et sorties, l'une sur le quai et l'autre sur la rue des Barrés, ladite maison alors vacante.*

Nous ne pousserons pas plus loin la recherche des différents propriétaires qui se sont succédé dans l'immeuble. Disons seulement qu'en 1849, il était passé entre les mains

---

(1) Le nom du second notaire devant lequel cet acte a été passé doit être Me Duchesne. Le nom du maître paumier paraît écrit François *Cognil* dans l'acte de partage et François *Cocuet* dans une copie contenant d'ailleurs plusieurs fautes, faite en 1732, de ce dernier acte.

d'une dame veuve Musard, qui le céda quelque temps après au Dr Pinel Grandchamp, et que tout récemment la veuve et les héritiers de celui-ci le vendirent à M. Bastard aîné, négociant en vins à Bercy.

Si nous voulons maintenant nous représenter quel pouvait être autrefois l'aspect du jeu de paume, nous trouvons que les murs de côté en étaient élevés de quinze pieds et demi seulement (1), et qu'ils ne servaient pour ainsi dire que de clôture. Toutefois, à une certaine distance au-dessus de ces murs, se trouvait une grande toiture supportée par des piliers en bois et par une charpente compliquée, comme on les faisait à cette époque; l'espace entre le toit et les murs était rempli par des nattes qui garantissaient les joueurs du soleil, et par des filets qui empêchaient les balles ou paumes d'aller se perdre au dehors (2). A l'intérieur, il y avait le petit toit que l'on retrouve dans toutes les salles de jeu de paume et sur lequel courait la balle. De fenêtres ou de châssis vitrés, il n'en est pas question; en effet, il eût fallu garantir les vitres du choc des balles, et quant au froid, c'était aux joueurs à s'en

(1) En 1732, le sol du jeu de paume s'était trouvé exhaussé d'environ trois pieds par la construction des berceaux de caves que fit faire à cette époque le propriétaire, M. Boucher. Depuis, le sol a dû être élevé de nouveau, au moment de l'achèvement du quai.

(2) Dans une pièce de 1729, on voit le sieur Boucher cherchant à persuader à Jean Pitoin que, par suite de la construction des nouveaux bâtiments, les terrains de M. Pitoin « auroient moins d'incommodités, parce que, lorsque le jeu de paulme dudit Boucher subsistoit, ils avoient toute l'incommodité du bruit du jeu de paulme et d'avoir en perspective les toits, la charpente, la gallerie, les nattes et les fillets dudit jeu de paulme, au lieu que par la suitte ils auroient en perspective des bâtimens propres dont les égouts ne tombent sur eux et un jour plus libre qu'ils n'en avoient du temps du jeu de paulme. » On peut conclure de ces derniers mots que les toits étaient fort élevés.

préserver par l'action du jeu. Les titres parlent d'une seule fenêtre de cinq pieds de haut sur deux pieds de large qui se trouvait « dans le mur séparant le jeu de paume d'avec l'héritage du sieur Pitoin, au droit de la galerie où était la grille du jeu de paume et qui tire son jour sur l'héritage du sieur Pitoin.» Quant à la situation de cette grille, on trouve, dans le même titre, que le passage appartenant à M. Pitoin (voyez sur le plan du jeu de paume: *passage à M. Pitoin*), « se trouvait entre le bout de la galerie où était la grille du jeu de paume et la maison du sieur De Vaux. »

Cette disposition permettait aux voisins d'apercevoir facilement, de leur terrain, le développement de la galerie ainsi que le public qui s'y tenait pour regarder les joueurs. Cette galerie s'étendait sur l'un des côtés en prolongement de l'allée qui donne accès à la rue des Barrés, et peut-être même empiétait-elle sur la partie extrême de la salle, contre la maison du maître paumier (1). Elle était supportée par des montants en bois (ces montants sont indiqués sur le plan), à des intervalles irréguliers mais symétriques, et de telle sorte que les joueurs et le public pouvaient circuler sous la galerie. Le faîtage du toit devait évidemment être placé au-dessus de la ligne qui passait au milieu de la salle dans sa plus grande longueur, car le mur pignon était parallèle au quai et lié à la maison du paumier.

On comprend que la troupe de Molière ne put s'établir sans de grands frais dans cette sorte de hangar; aussi voyons-nous stipuler dans le traité passé le 20 décembre 1644 avec le charpentier Girault (traité rapporté tout au long par

(1) Si le passage appartenant à M. Pitoin est marqué exactement sur le plan, ce qui vient d'être dit au sujet de la situation de la grille semblerait faire voir que la galerie, par un retour d'équerre, occupait aussi le fond de la salle, contre le mur la séparant du passage indiqué sur le plan comme allant à l'escalier de la maison.

M. Eudore Soulié), qu'il y aura à faire : « dresser portes et barrières,... fermer le jour du dit jeu, de maçonnerie ou charpenterie, en sorte que lesdites fermetures puissent subsister, faire deux rangs de loges... de la façon de celles du Marais, les ais du plafond et devant desquelles loges établis à doubles joints; remonter le théâtre au dit jeu de la Croix-Noire et y faire la quantité des loges telles et semblables qu'elles étaient au jeu des Métayers; lesdites loges garnies de siéges et barres, » etc. La galerie, si elle existait alors, dut être utilisée pour l'établissement des loges. Bien entendu, il n'est pas question de siéges pour le parterre. L'aménagement d'un théâtre se bornait à cette époque à la construction de deux étages, superposés en ligne perpendiculaire, de loges mal commodes, sur les côtés et au fond de la salle.

Il n'est pas hors de propos de signaler au lecteur un article que nous trouvons dans le *Magasin pittoresque* (année 1848, p. 292), avec une gravure dite d'après Chauveau, et qui donne une idée très-exacte de la disposition intérieure d'une salle de spectacle au seizième et au dix-septième siècle. « Pendant plus de deux siècles, lisons-nous dans cet article, les théâtres, persistant par habitude dans une tradition incommode, se réglèrent sur le carré allongé de leur premier modèle, soit qu'ils s'établissent dans d'anciens jeux de paume, soit qu'ils se fissent construire des édifices particuliers. Parmi les nombreux théâtres affectant encore en France cette disposition intérieure, on peut signaler ceux de Metz, de Tours et du château de Fontainebleau. »

III

Il nous reste à établir ce qu'est devenu le jeu de paume de la Croix-Noire et quel est actuellement l'aspect de l'emplacement qu'il occupait.

Jusqu'en 1728, ce jeu de paume avait conservé sa destination primitive et la disposition intérieure qui lui avait été rendue après le départ de Molière. Mais, à cette époque, le sieur Boucher, qui l'avait acheté, ainsi qu'on l'a vu, de demoiselle Catherine de Lhopital, le fit démolir avec sa galerie, son immense toiture et sa charpente, pour construire en son lieu et place et en se servant des murs de clôture qui avaient été conservés, deux corps de bâtiment, avec une cour entre les deux et une autre cour qui séparait celui du fond de la maison voisine située rue des Barrés. La maison du paumier fut abattue et reconstruite la première; l'un des deux nouveaux bâtiments y était adossé. Ces premiers changements ne furent terminés que vers 1733. Depuis, les murs de clôture et ces nouveaux bâtiments ont été surélevés et considérablement modifiés; la maison bâtie à la place de celle du paumier et l'ancien mur pignon du jeu de paume ont disparu en 1850, lors de l'expropriation à laquelle procéda la ville de Paris pour élargir le quai Saint-Paul (1), et une nouvelle maison

(1) Le plan d'ensemble indique par un trait l'alignement actuel du quai. En le comparant avec le plan du jeu de paume, on se rendra fa-

PLAN DE L'ILOT DE MAISO

Port Saint

Md 10   5   0   10   20 Mètres

(Ancien Quai Sain

Quai des

28   30   32

Rue des Jardins

Paume

Jeu de

Rue

de

Rue des Jardins   l'Ave   15

Emp.t de la Poterne

Mur de Philippe Auguste

Mo
(An

RT SAINT-PAUL. 1849-1876.

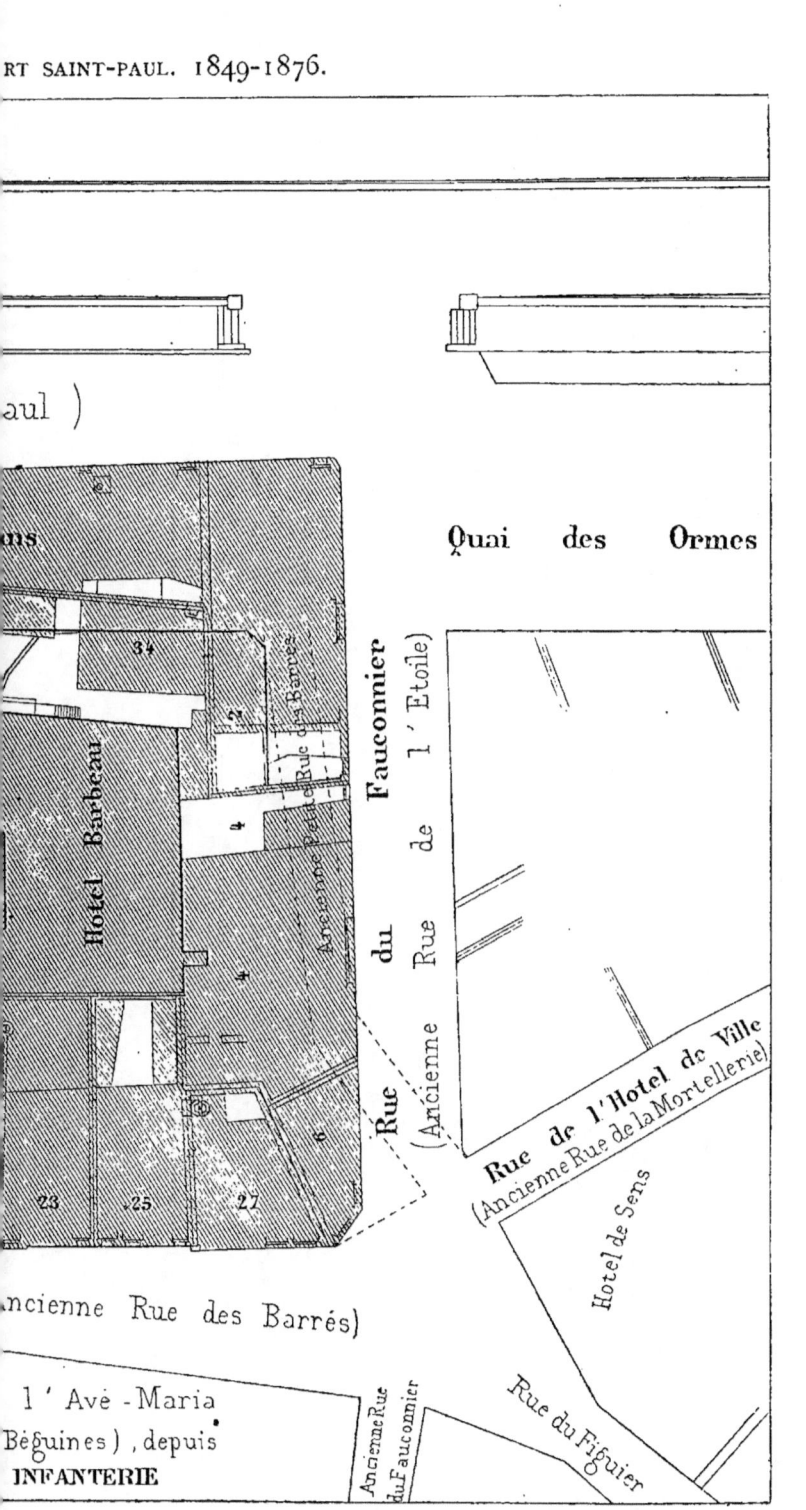

de dimensions tout autres fut élevée sur l'alignement de ce quai. Aussi, tout ce que l'on peut voir aujourd'hui de la salle où s'exerça pendant une année la troupe de l'Illustre-Théâtre se borne au pied des murs (1) laissés à nu, du côté du levant, par la mise à l'alignement de la maison rue de l'Ave-Maria, n° 13, et, du côté du couchant, par les démolitions auxquelles on travaille en ce moment pour faire place au marché.

A l'exception de la petite partie emportée par l'élargissement du quai, l'emplacement de cette salle, dont les limites sont très nettement déterminées, est exactement le même que celui occupé actuellement par la propriété quai des Célestins, n° 32, laquelle a conservé une issue sur l'ancienne rue des Barrés, par l'allée qui existait déjà autrefois (2). (Sur le plan d'ensemble, les limites de la propriété du jeu de paume sont indiquées par des hachures plus noires.) Cette allée se trouve, comme autrefois, au rez-de-chaussée de la maison rue de l'Ave-Maria, n° 15. Elle sera

---

cilement compte du retranchement opéré de ce côté. — Sur le plan de l'îlot, la maison du paumier n'a plus la largeur qu'elle avait sur le plan de 1728. Cette modification peut provenir d'une transaction intervenue entre le sieur Boucher et le sieur Pitoin, car ce dernier avait droit, comme on l'a vu, à une partie du rez-de-chaussée de cette maison.

(1) Les murs du jeu de paume n'ont pas été démolis, ils ont été utilisés dans la construction des nouveaux bâtiments, ainsi qu'il est dit plus haut.

(2) On remarquera une légère différence, entre les deux plans, dans la direction des murs de cette allée. C'est le plan d'ensemble qui a raison. Le plan du jeu de paume n'a évidemment pas été relevé avec beaucoup de soin, et le dessinateur a trouvé plus commode de faire une ligne droite là où se trouvait une ligne inclinée. Peut-être aussi la direction de cette allée a-t-elle été légèrement modifiée en 1731, lors de la reconstruction de la maison sur la rue des Barrés, mais cela n'est pas probable.

elle aussi, détruite bientôt, car l'édification du marché de l'Ave-Maria forcera l'Administration à en faciliter l'accès et à en améliorer les abords par l'élargissement de la rue de l'Ave-Maria ; les deux maisons portant, sur cette rue, les n° 15 et 17, sont donc destinées à être démolies dans un avenir peu éloigné.

Nous ne quitterons pas ces parages, où nous attirait le nom de Molière, sans parler brièvement de quelques maisons intéressantes, voisines du jeu de paume et appelées à s'écrouler bientôt sous la pioche officielle.

C'est bien le moins que l'on consacre quelques lignes à ces curieux débris d'une époque reculée, avant de les laisser disparaître pour toujours. N'est-il pas d'ailleurs passé en usage, chaque fois que l'on annonce la mort d'une célébrité quelconque, de faire suivre cette nouvelle d'une notice plus ou moins complète et plus ou moins véridique ? On a même pu voir quelques journaux trop empressés publier leur article nécrologique avant la mort du personnage, et celui-ci forcé de prendre la plume pour protester gaiement contre cette précipitation.

Si pareille mésaventure nous arrive et si ces lignes paraissent avant la chute des vieux logis qui les ont motivées, elles fourniront peut-être à quelques amis du temps passé l'occasion de leur faire une dernière visite.

Le jeu de paume de la Croix-Noire, ainsi que les maisons portant aujourd'hui, sur la rue de l'Ave-Maria, les n°s 15, 17, 19, 21, 23, 25 et 27 (1) (voyez le plan de l'îlot), faisait partie, à la fin du treizième et encore au quinzième siècle, des

---

(1) On verra plus loin à qui a appartenu la maison contiguë au numéro 27, et formant l'angle de la rue de l'Etoile.

terrains occupés par l'hôtel de Barbeau, lequel était la propriété de l'Abbaye de Barbeau (1).

Mauperché, dans son ouvrage sur Paris ancien et moderne (1814, tome I, page 141 et suivantes), nous donne les détails suivants sur cette abbaye : « Ce ne fut qu'en 1147 que Louis le Jeune fonda (*Gallia christiana*, tome XII, page 35 des instruments. Voyez aussi *Ibid.*, tome II, page 236), à quelques lieues au sud de Melun, une abbaye sur une place appelée Saint-Port, *Portus Sacer*, et que, quelques années après, en 1158, il crut devoir reporter à une légère distance au delà de sa première position, au lieu dit Barbeau : *Barbellum*, ce qui fut cause que par la suite, le titre d'abbaye de Saint-Port fut converti en celui de l'abbaye de Barbeau, en 1279. Il y a cependant des exemples que les religieux de ce monastère ont encore, depuis cette époque, été nommés conventuels du saint monastère de Saint-Port. *Religiosi conventus s^{ti} monasterii Sacri Portûs;* c'est ainsi qu'ils sont qualifiés dans les lettres qu'ils obtinrent de Philippe le Hardi, sous la date de juin 1279, par lesquelles ce prince leur donna des places et rues vaines et vagues au bout de la rue de la Mortellerie, sur lesquelles ils ont, par la suite, élevé un hôtel et grand nombre de maisons. » Et Mauperché désigne

---

(1) « Barbeaux. Barbel ou Port sacré, Barbellum ou Barbellæ de Sacro Portu, Abbaye d'homme et en commende, de l'ordre de Citeaux, dans la Brie française, diocèse de Sens, parlement et intendance de Paris, élection de Melun ; située sur la rive droite de la Seine, à deux lieues S.-E. de Melun, une lieue et demie N.-O. de Fontainebleau, neuf lieues N.-O. de Sens et neuf lieues un tiers S.-E. de Paris... Cette abbaye est très-bien bâtie et elle vaut 20,000 livres de rente au sujet qui en est pourvu par le roi. La taxe en cour de Rome est de 800 florins... Le roi Louis le Jeune y est inhumé devant le grand autel ; son tombeau est peu élevé et il a été restauré aux dépens du cardinal de Fustemberg qui était abbé de ce monastère. » (Abbé Expilly, *Dictionnaire géographique des Gaules et de la France.*)

ces maisons sous la dénomination d'hospice de Barbeau, parce qu'il traduit ainsi les mots *hospitium Barbelli* qu'il a trouvés sans doute dans Félibien rapportant un acte de 1406 (tome V, page 286), et qu'il aurait dû ou pu traduire par *hôtel de Barbeau*.

Ces maisons dont parle Mauperché, élevées sur des places et rues vaines au bout de la rue de la Mortellerie, sont précisément celles dont nous nous occupons en ce moment. Parmi ces maisons, celles qui portent, sur la rue de l'Ave-Maria, les nos 15, 17 et 19 avaient été achetées en 1712 par Jean Pitoin, l'un des vingt-cinq marchands de vin du roi privilégiés, et bourgeois de Paris, des créanciers de défunt Messire Jean Julien Philippe, sieur de Billy, conseiller en la grande chambre du parlement, et de Messire Jacques René Philippe de Billy, son fils et unique héritier; ces derniers les tenaient par succession des sieurs Vincent Philippe de Farcy et dame Jeanne Targes, son épouse, que nous avons vus possédant le jeu de paume avant la dame Denise Philippe, épouse de Parade. Les religieux avaient, paraît-il, vendu leur hôtel pour payer le droit de subvention auquel ils avaient été taxés.

Les autres maisons, celles qui portent actuellement les nos 21, 23, 25 et 27, n'ont cessé d'appartenir aux religieux qu'à l'époque de la Révolution(1). Certains indices, ainsi que

---

(1) En décembre 1788, Pierre Pitoin, fils de Jean, conseiller du roi, ci-devant intendant des finances du duc d'Orléans, dans un projet de titre nouveau concernant la censive due aux prieurs et religieux de l'abbaye de Barbeau, projet qui a dû être réalisé devant le notaire de Melun, mentionne ces maisons voisines de la sienne comme appartenant encore à ces religieux. — Dans un acte sous signatures privées, daté de mai 1733, F. J. Michel Séladon, prieur de la maison de MM. les Religieux Bernardins de Barbeaux, convient avec M. Pitoin des travaux à faire aux murs mitoyens de ces maisons.

les ornements uniformes des façades démontrent clairement qu'elles ont appartenu autrefois à un même propriétaire. Ces façades paraissent avoir été reconstruites au dix-septième siècle, mais le rez-de-chaussée de la maison n° 27, la plus rapprochée de l'hôtel de Sens, et quelques murs sur les cours sont incontestablement d'une époque très reculée.

La maison n° 15, attenant au jeu de paume, a été entièrement reconstruite en quatre étages par Jean Pitoin, en 1730 ou 1731. La maison voisine (n° 17), qui jadis avait eu une entrée de porte cochère, était à l'état de masure et supportée par trois étais, lorsqu'elle fut achetée par le même Pitoin en 1712.

De toutes ces constructions, la plus intéressante est celle qui porte le n° 19 et qui devait être, de toute évidence, l'ancien hôtel Barbeau proprement dit. On y arrive par une allée charretière, qui se trouvait jadis en face l'entrée du monastère de l'Ave-Maria. Dans la cour, à droite, se trouve un bâtiment élevé au-dessus du sol et des caves d'un rez-de-chaussée et de trois étages, dans lequel on pénétrait par six grandes marches extérieures et par un large escalier intérieur (1). Plus à droite, une partie de cette construction, se trouvant en saillie, est surmontée d'un pignon à charpente cintrée; quelques-unes des grandes croisées donnant sur les cours des maisons voisines ont conservé les traces de meneaux et de croisillons de pierre. Quant au bâtiment même, il est construit en pierres de taille, et les murs, qui atteignent en un endroit 1 mètre 30 centimètres d'épaisseur, supportent des poutres carrées larges de 48 centimètres.

---

(1) Cet escalier a été supprimé il y a peu de temps et remplacé par un autre plus petit. Les bâtiments au fond de la cour et ceux du côté gauche en entrant sont modernes.

Aussi eût-il pu continuer à défier les siècles si le sort et le Conseil Municipal n'en eussent décidé autrement. La façade sur le quai est ornée de deux pignons anciens et d'un petit toit moins élevé. Bien qu'enjolivés, depuis peu, d'une bordure en bois découpé qui a la prétention assez malheureuse de les rajeunir en leur prêtant un faux air de chalets, ces deux pignons, vus de l'île Saint-Louis, peuvent donner une idée de ce qu'était au quatorzième siècle l'aspect des rives de la Seine dans cette partie de Paris. A l'intérieur on retrouvait encore, il y a quelques années, dans les pièces éclairées sur le quai, les traces d'anciennes tentures et de riches décorations aux plafonds.

Sous une partie de cette maison, maintenant des plus modestes (1), existe une grande salle ayant l'apparence d'une cave. On y arrive par une cour qui donne sur la rue du Fauconnier, en passant par une porte basse pratiquée vraisemblablement dans une ancienne fenêtre, et aussi par une galerie en sous-sol communiquant avec l'intérieur de la maison. Cette salle est formée de quatre voûtes à arêtes croisées, supportées par quatre piliers carrés engagés dans les quatre angles de la muraille et par un pilier également carré, en pierre de roche, placé au milieu de la salle. Si vous demandez à un habitant de la maison ou du voisinage ce qu'était autrefois cette salle, il vous répondra, soit qu'il motive sa supposition sur la présence des piliers et des voûtes, soit qu'il s'en rapporte simplement à la tradition, que c'était une chapelle. Il est assez probable, en effet, que c'était la chapelle des religieux qui habitaient l'hôtel Barbeau. En tous cas, cette salle, qui sert aujourd'hui de magasin et où les meubles sont parfaitement à l'abri de l'humidité, ne semble pas avoir été bâtie

---

(1) La partie sur le quai est occupée par un hôtel de voyageurs, ou maison meublée, portant le titre d'*Hôtel de l'Etoile*.

pour servir de cave. Le sol en a été, jusqu'en 1691, au niveau de la petite rue des Barrés (1), laquelle, comme toutes les rues voisines du fleuve, était beaucoup plus basse avant la construction du quai.

Dans un acte reçu, le 18 avril 1689, par Lemoyne et un autre notaire au Châtelet de Paris, le prévôt des marchands et quatre échevins de cette ville disent que le roi, « par arrêt de son Conseil d'Etat du 12 août 1687, avait ordonné que le pavé des rues de la Mortellerie, des Nonnindières (*sic*) et ruelles adjacentes, ensemble celui de l'aisle du pont Marie allant vers l'hôtel de Sens, serait relevé, et que l'égout et fondrière (2), étant au bout de ladite aile, seraient supprimés. » Il est assez supposable que cette fondrière s'était formée parce que, la petite rue des Barrés n'ayant pas été exhaussée lorsqu'on avait procédé à l'établissement d'un

---

(1) Cette rue a depuis porté le nom de rue de l'Etoile; elle s'appelle aujourd'hui rue du Fauconnier. Dans les actes que j'ai eus sous les yeux, elle est dénommée comme la rue des Barrais ou des Barrés, dont elle était considérée comme faisant partie, ou encore rue Tillebarée, rue petite Barrée et ruelle des Barrés. Elle avait encore quelques autres noms qui ont été relevés par les historiens des rues de Paris.

(2) Il faut sans doute entendre par *égout* le cloaque où se réunissaient les eaux descendant des rues voisines. Quant à la fondrière, elle existait probablement dans une petite rue parallèle au quai et se dirigeant vers le pont Marie, car il est parlé plus loin, dans l'acte dont il s'agit : « de la vente qui serait faite par lesdits prévost des marchands et échevins de l'emplacement *de la rue basse* qui est au-dessous de la ruelle des Barrés allant audit égout et du reste de ladite ruelle. »

Le plan qui est joint à l'acte de 1689 indique très clairement l'ancienne direction de la petite rue des Barrés, à laquelle, si les proportions en sont exactes, il ne donne que 2 mètres 40 centimètres environ de largeur. La partie haute de l'ancienne petite rue des Barrés est désignée par un pointillé, aussi exactement que possible, sur notre plan de l'îlot. Les indications nous ont manqué pour l'indication de la partie basse.

quai (1), les eaux d'égout des rues voisines s'étaient vu barrer leur chemin ; plusieurs de nos rues qui avoisinent la Seine sont encore aujourd'hui en contre-bas des quais, et il est facile de se rendre compte des cloaques qui s'y formeraient si l'on n'y avait paré par la construction de galeries d'égout. Par cet acte, un sieur Petit et une dame Regnault cèdent à la ville de Paris, pour l'ouverture d'une rue nouvelle, qui est devenue la rue de l'Etoile, une partie de la maison qui leur appartenait en commun sur la ruelle des Barrés, au coin de la rue des Barrés, à l'enseigne du Chaudron, et deviennent propriétaires : le sieur Petit, des constructions restant à l'angle de ces deux rues, soit l'emplacement exact de la maison portant aujourd'hui le n° 6 sur la rue du Fauconnier, — et la dame Regnault, du surplus de ces constructions et du terrain occupé par la ruelle supprimée ainsi que de celui au delà, au droit de son ancienne propriété, c'est-à-dire assez exactement de l'emplacement occupé actuellement par le n° 4, rue du Fauconnier (2).

Le 28 août 1691, à la requête de J. Julien Philippe de Billy (le même dont nous avons déjà eu occasion de parler), propriétaire d'une place et d'une maison en masure au bout de la culée du pont Marie faisant face à la nouvelle rue Tillebarrée, il fut procédé à l'alignement de cette rue. La propriété de M. Philippe de Billy occupait toute l'encoignure du quai et de la rue nouvelle ; elle fut vendue à M. Pierre Pitoin et en très grande partie supprimée par suite de l'élargissement du quai, en 1850. Le n° 2 de la rue du Fauconnier

(1) Voyez la note plus loin, p. 27, pour les dates de l'établissement du quai.

(2) Les constructions qui existaient à cet endroit, en 1689, étaient ruinées en 1706 ; elles furent remplacées à cette époque par des écuries et remises occupées, comme on le verra, par les coches et diligences de Lyon.

(boutique du boulanger) a été bâti sur ce qui restait de son emplacement.

Au moment où la nouvelle rue prit le nom de rue de l'Etoile, les terrains que nous avons vu plus haut céder à la dame Regnault, appartenaient à la famille de *L'Etoile* de Poussemothe de Monbriseuil, son héritière. Je souligne le mot Etoile, bien que les personnages portant ce nom fussent de préférence désignés dans les actes sous celui de Montbriseuil, parce que je vois là l'origine probable du nom donné à la rue qui remplaça la ruelle des Barrés.

En 1729 et en 1732, ces terrains appartenaient à une dame de cette famille, née de Montmorency et mariée à Emmanuel de Rousselet, chevalier, marquis de Château-Renault, comte de Crozon, etc., lieutenant général de la province de Bretagne, capitaine de vaisseau du roi, parent des deux marins de ce nom : l'un, le vainqueur de Ruyter, mort en 1716 ; l'autre, neveu de ce dernier, mort en 1704.

Cette dame les vendit en 1742 à Pierre Pitoin.

Ces mêmes terrains, désignés à l'Image de Sainte-Catherine, furent loués, en 1710, à Pierre Genthon, conseiller du roi, trésorier des ponts et chaussées de France, demeurant hôtel de Sens, et occupés, de 1711 à 1742, par les écuries et remises d'André De Vouges, intéressé en la ferme des coches messageries et diligences de Lyon et autres lieux, demeurant aussi hôtel de Sens, de Jean Chiquet et autres associés.

Quant à l'hôtel Barbeau, il fut longtemps occupé (en 1712 et avant 1788), dans une partie vers le quai, par les officiers metteurs à port (1). Dans la cour, non loin du jeu de paume,

---

(1) Les metteurs à port faisaient partie, avec les mouleurs de bois et eurs aides, les déchargeurs, les mesureurs, les débâcleurs, etc., des petits officiers de ville. Le prévôt des marchands, les échevins étaient les grands officiers de ville. (*Encyclopédie* de Diderot et d'Alembert.)

les titres constatent, à de longues années de distance, la présence d'un gros chêne, dernier vestige d'un jardin qui dut jadis fleurir en cet endroit.

Les limites de cet hôtel et de ses dépendances étaient donc : au nord, la rue des Barrés et, à l'ouest, l'ancienne ruelle des Barrés. Je n'ai pu constater jusqu'où elles s'étendaient, à l'est, au delà du jeu de paume. Au midi, elles étaient celles qu'avait la propriété portant aujourd'hui le n° 34, quai des Célestins avant l'élargissement du quai en 1850. — Les terrains, qui se trouvaient en 1849 (1), entre les limites de l'hôtel et le quai, relevaient, avant 1789, de la censive directe du roi ; ils étaient chargés de la recette du domaine de la ville, et l'hôtel avait conservé, au milieu, un passage qui donnait issue sur le quai. Ces terrains devaient auparavant faire partie des dépendances de la tour Barbeau et notamment de l'espace clos de murs nommé au quinzième siècle le *chantier* du roi (2). Ils

---

(1) Le quai des Ormes et le quai Saint-Paul furent établis, d'après Mauperché, en 1604, comme on le verra ci-après ; M. Bonnardot parle d'une modification de l'alignement du quai Saint-Paul, en 1835, et de la nouvelle modification en 1850. Cette dernière est indiquée sur notre plan de l'îlot.

(2) Voyez p. 74 de l'ouvrage déjà cité de M. Bonnardot.

Le plan de Truschet (1552) et celui attribué mal à propos à Du Cerceau (1555), qui se trouvent à la bibliothèque de l'hôtel Carnavalet, donnent une idée de ce qu'était la tour Barbeau. On la voit sur le bord même de la Seine, à un endroit où le fleuve fait un léger coude. Elle est protégée à une petite distance par un mur plus bas dont l'angle, s'avançant dans la rivière, forme une sorte de bastion. — Voyez, sur le plan de l'îlot, l'emplacement présumé de la tour Barbeau d'après M. Bonnardot, celui de la poterne des Béguines et celui du mur de Philippe-Auguste dans le couvent de l'Ave-Maria. Les restes de ce mur, que l'on voit aujourd'hui à cet endroit, ont une hauteur moyenne de 3 mètres au-dessus du sol actuel et une largeur d'environ 2 mètres. — Bien que la direction de l'enceinte de Philippe-Auguste, telle qu'elle est indiquée par M. Bonnardot, soit très-probablement la vraie, je n'ai pas vu de

ont dû être vendus, avec des terrains vagues non utilisés pour le quai près de la rue de l'Etoile, par la Couronne et la Ville de de Paris, au moment de la suppression de la tour Barbeau, ce qui explique pourquoi ils étaient chargés desdites censives et recettes. « Il est à présumer, dit Mauperché (page 141 et s.), que la tour de Barbeau a subsisté jusqu'en 1604 que le quai fut établi, d'après les ordres que Sully en avait reçu de Henri IV. »

En somme, les constructions, que les expropriations auxquelles il est procédé en ce moment vont faire disparaître, sont l'hôtel Barbeau et les logis qui en dépendaient; et si l'histoire de ces vieilles demeures était plus riche en souvenirs et aussi connue du public que celle du monastère de l'Ave-Maria, ce sont elles qui devraient donner leur nom au marché dont la construction est réclamée depuis longtemps par les habitants du quartier, comme elles l'avaient donné, à la fin du treizième siècle, à la fortification qui terminait sur ce point l'enceinte de Paris. Mais la notoriété modeste de l'hôtel de l'Abbaye royale de Barbeau pâlit à côté de celle du monastère voisin, lequel, du reste, est lui-même loin de rappeler au public littéraire d'aussi puissants souvenirs que les humbles fondations du jeu de paume de la Croix-Noire.

trace de cette antique muraille entre la poterne des Béguines et la tour Barbeau, mais les démolitions qui vont avoir lieu mettront sans doute au jour quelques parties de massif de maçonnerie qui nous renseigneront d'une manière certaine.

M. Bonnardot nous dit que plusieurs historiens ont donné, avec Sauval (t. III, p. 40) et sans doute à tort, à la tour Barbeau le nom de *Billy*, qui appartint à une autre tour sise plus à l'est et élevée, vers 1370, à l'embouchure du fossé de la Bastille. Cette erreur, signalée par M. Bonnardot, ou ce nouveau nom donné à la tour, s'il lui a été réellement donné, s'explique par ce fait que l'hôtel Barbeau a appartenu, de 1635 à 1712, à la famille de Billy.

PARIS — TYPOGRAPHIE DE CH. MEYRUEIS
13, rue Cujas. — 1876

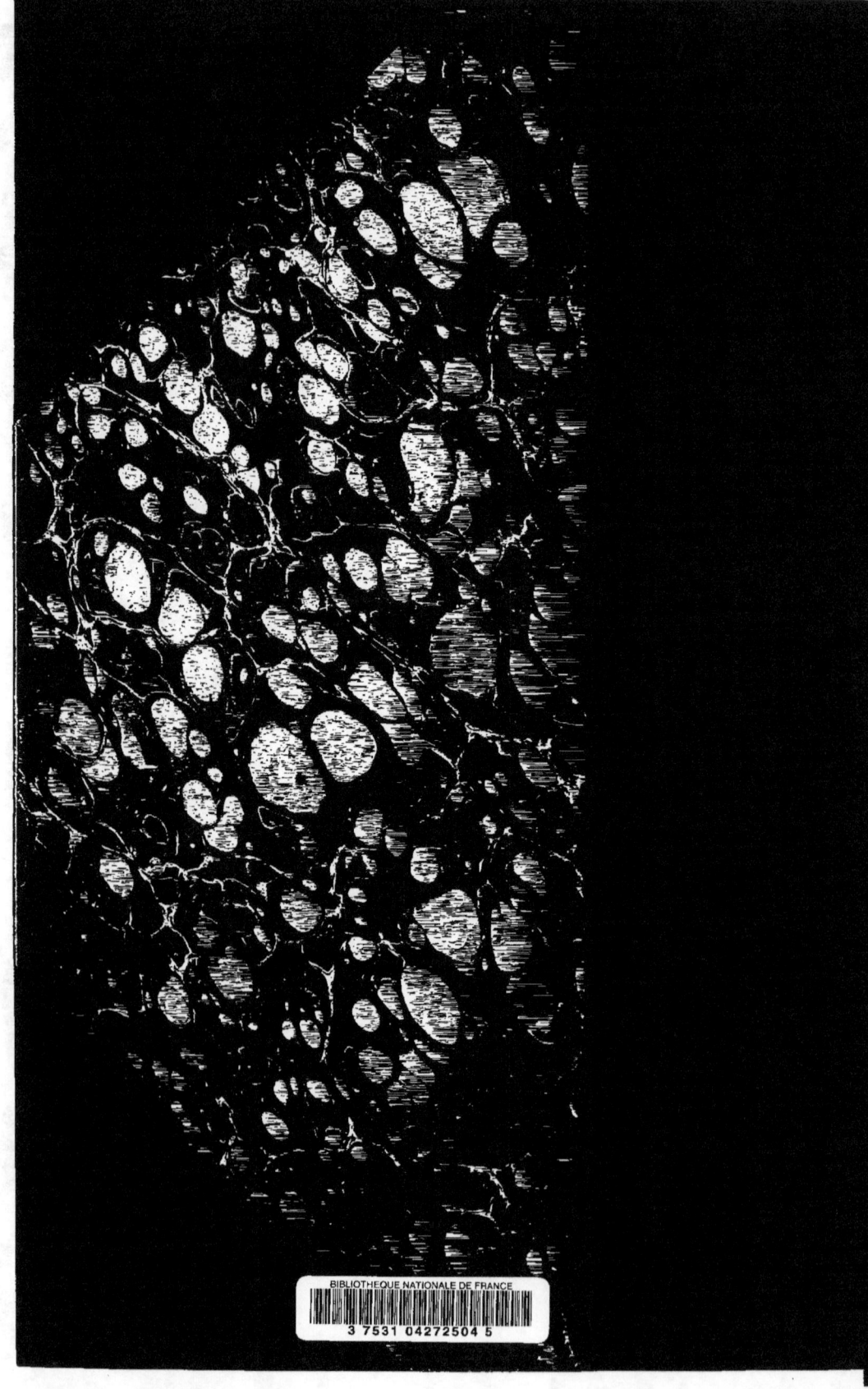

www.ingramcontent.com/pod-product-compliance
Lightning Source LLC
LaVergne TN
LVHW021705080426
835510LV00011B/1601